RAYMOND MATZEN

Feschtdäj

„D'Feschtle fiirt m'r,
wie se fàlle!"

Raymond Matzen

Feschtdäj

„D' Feschtle fürt m'r, wie se falle!“

Heitere und ernste Verse
in Straßburger Mundart
zu allerlei Anlässen
das Jahr und das Leben hindurch.

Federzeichnungen
von Eugène Henri Cordier

VERLAG MORITZ SCHAUENBURG
Lahr/Schwarzwald 1995

Die Deutsche Bibliothek – CIP-Einheitsaufnahme

Matzen, Raymond: Feschtdäj. D'Feschtle fiirt m'r, wie se fàlle.
Heitere und ernste Verse in Straßburger Mundart zu allerlei Anlässen das Jahr und das Leben hindurch
Raymond Matzen - Lahr/Schwarzwald: Schauenburg, 1995
ISBN 3-7946-0434-2

Zeichnung von Eugène Henri Cordier, Straßburg
Satz und Litho: Fotosatz Krieg, Lahr
Titelgestaltung: Satzwerkstatt Reiner Rosenwald, Baden-Baden
Druck und Verarbeitung: Brandenburgische Universitätsdruckerei und Verlagsgesellschaft Potsdam GmbH, Golm

ISBN 3-7946-0434-2

Inhaltsverzeichnis

Geburt

Geburtsdäj

Dauf – Firmung Konfirmàtion – Kommünion

Verliebt, verlobt

Hochzit

Müeterdàà

Vaterdàà

Hochzitsdäj

Glossar

Geburt

„Hopp, Storich, stipper dini Bein, De Màmme bring e Bubbel heim!“

Wàs sawe uf-'em Lànd àls d'Lit
Vun friejer häre au noch hit?...
„Wenn d'Sterich i-'me Derfel böie,
Bedit 's nur 's Bescht, m'r kànn 'ne tröie!“
Un d'Kinder düen àls iwwerm Spiele
Mitnànd' noch froh in d'Heh nuf briele:
„Hopp, Storich, stipper dini Bein,
De Màmme bring e Bubbel heim!“

Nidderg'komme

's Bubbel isch do!...
D'Màmme isch froh,
Isch nimm' „eso"!

D'Kindbettere

Wie stràhlt d'entbunde Màmme!
Wie stolz sie isch, wie froh!
Kriejt 's Mül vor Glick nimm' z'sàmme:
's isch rum, ihr Kind isch do...

E Biewel isch 's?

D'r Klàpperstorich het e Kind
In d'Wawel endlich ejch gelajt:
E Biewel isch 's?... Ich hàb às Frind
An ejerm Glick e-n-echti Freid.

Ejch bringt die wusslig Stràmpelbubb
Wie in d'Nàdür d'r Sunneschin
Nejs Läwe in d'àlt Bürestubb:
Im àlte Fàss schümt nejer Win!...

Doch fàngt m'r waje eim nitt àn!
E-n-einzigs Kind isch nitt genüe!
Drum hàlte ejch e bissel dràn
Un b'stelle bàll e zweits dezüe!

Fur d'Läwesreis

Ich winsch dem Kind
Fur d'Läwesreis
E güeter Wind
Un owwedrin
Viel Sunneschin,
Viel Lieb fur 's Herz,
Nur wenni Schweiss
Un wenni Schmerz!

I-'me Maidele in d'Wawel

Dü Maidele sollsch wàchse,
Bàll kroble, laufe, stàckse
Un uf-'em Müeterschoss
Verständig werre, gross...
Wursch später ohne Fàxe
Verliebt àls schmüse, gàkse,
Au blieje wie-n-e Ros
Un traime àls im Moos...

Nooch-'em zweite Maidel

D'Màmme stràhlt!... Wàs sààt d'r Bàbbe?
„Maidle hàw-ich jetz genüe!...
Jetz fählt numme noch e Büe!...
's näächscht Mol, wursch schun sähn, düet 's klàppe!"

Im neje Erdekindel uf de Läweswäj

Im neje Erdekindel
Vun Herze àlles Güete!
Es soll - mol üs de Windel -
Nitt hile un nitt blüete.
Sich nitt ze àrig plöje,
In d'hell wàrm Sunn sich laje,
In 's Himmelblöü nin lüeje
Un sich àm Läwe freie.

Unser Bubbele (Fur e Enkelkind)

Esse kànn ‘s noch nitt,
mämmle àwwer, nulle au!
Redde kànn ‘s noch nitt,
jüüchse àwwer, briele au!
Laufe kànn ‘s noch nitt,
zàwwle àwwer, stràmple au!

Wàrt nur, wenn ‘s mol bisse kànn!
Schnell isch ‘s àls sowit...
Wàrt nur, wenn ‘s mol redde kànn!
‘s kommt schun mit de Zit...
Wàrt nur, wenn ‘s mol laufe kànn!
Dànn o weh, ihr liewi Lit!

Uf-em Grossätt sim Gehre
(Fur min Enkelkind)

Ich hàb àls Biewel mich
im liewe Grossätt gern
still uf de Gehre g'setzt...
Er het mir nett verzählt
vun àlte Litle, Frind,
vum Hoft, vum Dorf, vum Feld,
vun unsrem Elsàsslànd,
vun G'schicht un Tràdition,
vun Hexe, Zwerichle,
vun Rise, Heilige...
's sinn netti G'schichtle g'sinn:
ich traim noch hit devun.

Liebs Biewel, wenn dü mir
àls uf-em Gehre sitsch
un widder heere witt,
wàs mir d'r Grossätt àls
vun friejer het verzählt,
noh denk ich fromm zeruck...

Schun fufzig Johr sinn 's her...
Un wenn e liewer Knirps
in fufzig Johr emol

dir uf-em Gehre sitzt
un dü em noh verzählsch
wàs so viel Grossätt schun
in ihrem Kindeskind
verzählt hàn wie ich dir,
noh denksch au dü zeruck
un siehsch mich noh vor dir,
wie ich de Grossätt jetz
làwändig vor mir seh.

Geburtsdäj

Am Geburtsdàà im Spitàl

Geburtsdàà fiir ich hit,
Lej leider im Spitàl
Fur àrig làngi Zit...
'‘s isch schier e Hellequàl.

Min Schätzel sitzt àm Ränd
Vum Bett un màcht m'r lieb,
Verschmutzt mich, stricht m'r d'Hànd...
Un traimt... Min Herz wurd trieb.

Am Fenschter làcht un munkt
D'r Strüss im Sunneschin
Un ‘s treje Maidel dunkt
M'r d'Nàs in ‘s Gläsel Win.

„Ich winsch dir, Liewer, ‘s Bescht.
Geduld!... Nur nitt geliirt!...
Din nächscht Geburtsdààsfescht
Wurd widder d'heime g'fiirt!“

Hoch soll läwe so-n-e Chefin! (Fur ihre 40. Geburtsdàà)

Vum Lànd düet sie stàmme,
Sie g'heert züe de Stràmme,
Verträàt Steess un Schràmme.

Sie düet iwwerm Schàffe
Als z'sàmme sich ràffe,
Nitt traime, nitt gàffe.

Bliit stundelàng sitze,
Màcht blitze un flitze
D'Komputer, wo schwitze.

Doch g'sund will se läwe,
Am Ländel trej kläwe,
Schätzt Weize un Räwe,

Düet laufe, màschiere,
De Kerper trainiere
Un 's Herz stràpliziere.

Sie will niemes schlitze
Un kànn au nitt schnitze...
D'r Herr soll sie b'schitze!

I-'me güete Frind für de 50. Geburtsdàà

Fufzig volli Jährle
Hesch schun hinter dir;
Trotz pààr gröie Häärle
Bisch àls noch e... Stier:
'S Herz düet munter schlawe,
Bisch noch froh un g'sund,
Kànnsch noch viel vertrawe...
Triib 's jo nitt ze bunt!

E „Vive!" fur unsre Meischter züe sim 55. Geburtsdàà!

Kàm'ràde, Frind, ihr liewi Lit!
Mir freie uns, mir fiire hit
Im Meischter sin Geburtsdààsfescht.
Er isch noch hit, genau wie gescht,
Üs àltem g'sundem Eicheholz:
Sinn mir nitt àlli uf 'ne stolz?...
Mir wisse, dàss er àn uns hänkt,
De Làde schmisst, àn àlles denkt,
Denn 's G'schäft, diss isch sin Läwesziel:
Er brücht ken Gert, ken Kàrtespiel,
Er het bi Gott ken làngi Zit,
Er kimmert sich um 's G'schirr, um d'Lit,
Er kämpft mit uns fur Lohn un Brot
Vun d's-morjes friej bis d's-owes spot.
Er het uns àlli viel gelehrt,
Drum wurd er au so estimiert.
Er schàfft àls witersch, Johr fur Johr,
Er màcht sich nix üs gröüe Hoor,
Er hàlt sich, raucht nitt, trinkt viel Tee,
Isch g'sund un munter, het ken Weh,
Blit frindlich, wehrt sich, geht nitt schief...
M'r lipfe 's Glàs, m'r briele „Vive!"
Un winsch-n-em züem scheene Fescht
Vun Herze numme 's Allerbescht...

Wàs?... e Sechser schun?
(Am 60. Geburtsdàà)

Wie g'schwind gehn d'Däjle, d'Jährle rum!
Ich gück verdutzt àls rum-u-num
Un vor-'em Spiejel lüej ich dumm...

's gibt Rumpfle, gröüi Hoor àls meh,
D'r Kowwel isch fàscht wiss wie Schnee,
In 's Kriz schun fàhrt 's m'r àls,... o weh!

's àlt Herz blit àwwer luschtig rot,
Denn selbscht im Spotjohr, in de Not
Isch d'Lieb, wo hofft un klopft, nitt dot...

I-'me treje Frind
züem 60. Geburtsdàà

Min liewer trejer Frind,
Ich will züem „Sechser" g'schwind
Dir herzlich gràteliere!

Ich winsch dir hit wie gescht
Fur morje numme 's Bescht:
Vum Glick sollsch profitiere!

Trotz Räje, Schnee un Wind,
Un trotz de Welt, wo spinnt,
Soll dir noch nix pàssiere!

Bli luschtig, gràd un g'sund,
Wurr nitt ze friej ze rund!...
Als witersch sollsch màschiere!

I-'me fromme Frind züem 60. Geburtsdàà

An dir ich hänk,
An dich ich denk,
Geburtsdàà hesch:
Schun sächzig bisch!...
Màch witersch so,
Bli g'sund un froh
Als trejer Bott
Vum liewe Gott!

E so-n-e Grossätt kommt noch wit! (Züe sim 65. Geburtsdàà)

Ich kenn e Grossätt, güet binànd':
Er leischt bi Gott noch àllerhànd
Un opfert au viel Geld, viel Zit
Fur Kunscht un Sport, fur's Dorf, fur d'Lit,
Isch noch mit Ifer un Talent
Vum G'sàngverein d'r Präsident
Un d'sicherscht Stitz vum Füessbàllklub,
Nemmt 's krànke Büdget unter d'Lupp.
Er isch au im Gemeinderot,
Wo 's lüt àls wurd... un oft au spot.

So màcht-er witersch Johr fur Johr,
Er het ken Rumpfel, ken gröüs Hoor,
Geniesst sin Pfifel, 's Gläsel Win
Un freit sich à-'me Sunneschin,
Wo hell 'ne in de Gàrte lockt...
Sin Herz nitt bockt, sin Blùet nitt stockt;
Vum Birzel nunter bis àn d'Zeh
Isch er in Schuss, er g'spiert ken Weh,
Het d'Heilige uf sinre Sit...
Er kommt noch wit, er het noch Zit.

I-'me Siwwezigjährige für de Geburtsdàà

Frind!... Wie àlt?... Isch 's wohr?
Zählsch schun so viel Johr?...
Gröü un licht sinn d'Hoor;
Munter àwwer, klor
Isch noch diner Geischt:
Hesch schun viel geleischt,
Dings wo witersch b'steht,
Au wenn d'Seel mol geht...
Hebb dich nur noch làng
An de Fàhnestàng
Vun de Heimet fescht
Morje so wie gescht!

Geniess diss Läwe! (I-'me Frind züem 75. Geburtsdàà)

Solàng wie 's Herz noch luschtig schlààt,
Sej froh, zefridde: sing un làch,
Geniess diss Läwe, traim un màch,
Wàs noch im Schnitt d'Nàdür verträàt!

Dir, liewer Frind,
E „Vive!“ jetz g’schwind!

(Fur de 80. Geburtsdàà)

Wie àlt?... Schun àchtzig Johr?...
‘s isch küm ze glauwe!... Isch ‘s denn wohr?
Dü bliejsch jo noch, bisch rischtig, g’sund,
Gelenkig, g’stàltig,... wursch nitt rund!...
Geràckert hesch, gewiehlt, àls g’schwitzt,
Drum isch dir viels geglickt, wo sitzt...
Jetz bisch e Herr, ken àrmer Tropf:
E eijes Dàch hesch iwwerm Kopf,
Drej Kinder, noch e schlànki Frau,
E scheener Wawe, Mewel au
Un in dim Geldsàck meh às Minz...
Dir fählt ‘s àn nix, läbsch wie-n-e Prinz,
Im Truckete hesch ‘s Hei un d’Schof:
Geniess-es, rüej dich üs un schlof
Noch zwànzig netti Jährle so,
Noh briele „Vive!“ mir widder froh!

I-'me àlemànnische Dichter züem 85. Geburtsdàà*

Frind! Schun finfe-n-àchtzig Jährle
Hesch dü tàpfer hinter dir,
Krüsle düen noch dini Häärle,
Üs de-n-Auwe strählt Pläsier.
Wie d'r Goethe bisch gerote:
Vun dim Vàtter hesch d'Poschtür,
Ernscht gebàche, froh gebrote,
Vun d'r Müeter hesch d'Nàdür...
Kànnsch hàlt redde un verzähle,
Witzig quellt's noch üs dim Mül:
Wàs dich freie düet un quäle,
Bringsch dü uf 's Pàpier, nitt fül.
Voträj g'hàlte, Biecher g'schriwwe
Hesch din liewe Läwe làng;
Bisch dim Glauwe trej gebliwwe
Un vum Fàhne hebbsch fescht d'Stàng.
Frej wie àlli Alemànne
Witt dü Fridde, Glick àm Rhin:
Mitnànd' krieje mir 's schun ànne...
Dir gilt hit 's bescht Gläsel Win!

(*) Prof. Dr. Georg Thürer
(Sankt Gallen/Schweiz) Juni 1993

I-'me Ninzigjährige fur de Geburtsdàà

Trotz ninzig Johr
Hesch dü noch Hoor
Un bisch noch klor...

E Mànn bisch g'sinn,
Hesch schwär gewiehlt,
Doch Müsik g'spielt:
Hesch d'Kunscht im Sinn...

Dü weisch, wàs b'steht,
Wàs nitt vergeht:
Bisch noch nitt mied'!...

Dauf - Firmung
Konfirmàtion - Kommünion

Liebs Kind, hit wursch gedaift!

Liebs Kind! Die àlli, wo
in dir, in Fleisch un Blüet,
noch witerschläwe düen,
die àlli, wo vor dir
mol g'schnüft hàn, g'hofft, getraimt,
sinn àlli so gedaift
mol worre gràd wie dü
mit Wàsser un mit Sàlz,
mit Säje, Wort un Sàlb.
Sie àlli hàn mol g'kriejt
fur 's Läwe Glauwe, Kràft.
Un wenn im Elend àls
sie g'hilt, gezwiifelt hàn,
noh het d'r Glauwe trej
'ne g'holfe, het se g'hebbt,
getreescht un g'fiehrt àns Liecht,
het d'krumme stife Händ
'ne z'sàmme noch gelajt
fur d'ewig Rüej im Gràb:
Sie hàn fur immer Sunn
im Herr sim Bàràdies...

So soll un wurd die Dauf,
Diss Wàsser und diss Sàlz,
De Säje, ‘s Wort un d’Sàlb
au dir, liebs Kind, hit genn
fur ‘s Läwe Glauwe, Kràft,
dàss mir uns treffe mol
im Herr sim Bàràdies.

I-'me Kindeskind uf d'Dauf
Liebs Maidele!

Mir àlli sinn mol g'sinn
so hilflos klein wie dü,
Mir àlli sinn mol g'sinn
so sorjelos wie dü.

M'r het uns àlli mol
gebitschelt so wie dich,
M'r het uns àlli mol
verhätschelt so wie dich.

M'r het uns àlli mol
üs Lieb gedaift wie dich,
mit Wàsser, Sàlz un Sàlb,
voll Hoffnung gràd wie dich.

M'r hàn geglaubt bis hit
àn denne, wo fur uns
àm Kriz mol g'storwe isch
un Acht noch gibt uf uns.

Mir àlli winsche hit,
dàss dü mit Sunneschin
mol gross un bràv un froh
in unsrem Glauwe wursch.

Mir winsche au, dàss dü
E Maidele mol kriejsch
un fromm in d'Kirich bringsch
fur d'Dauf wie mir dich hit.

Firmung

Durich d'dunkle Fenschter linst
d'Sunn àls fàrwig frech ins Chor...
sieht de Bischofshüet, de Stàb,
au de Ring, gewejti Sàlb...
G'schlààcht isch d'Hànd vum Hirt,
wo hit firmt, e zweits Mol daift...
D'Origel stellt 's Pfifespiel
schnell uf Sphäremüsik um,
Freid verschàfft se, Hoffnung, Glick...
D'wiss un heilig Düb bringt Lieb,
Säje, Kràft vum Himmel ràb:
's wurd im Hirn so hell un klàr
wie àm àllererschte Dàà,
's Herz vor Andàcht schneller schlààt,
widder het d'r Geischt e Hàlt,
d'Seel kriejt Flejel, fiehlt sich frej,
kommt mit Engel schun ins G'spräch...
Jedi Herd brücht hàlt e Hirt!

Konfirmàtion àm Pàlmsunndàà

Drowwe uf de Berje
Lejt noch tiefer Schnee,
Unte in de Däler
Bliejt schun frischer Klee.

In de Kirich flàckert
Glauwe widder hell:
Jungi frommi Mensche
Schepfe üs de Quell,

Düen im schwàrze Reckel
Un im blöie Kleid
Trinke üs-'em Kelich
Hoffnung, Kràft un Freid.

Fertig isch fur Pfetter
Un fur Gettel d'Fron,
D'Kinder stehn jetz selwer
Wàch fur d'Religion,

Hàn in sich Vertröie,
Hänke trej àn Gott,
Welle kämpfe, sterwe
Stolz fur sin Gebott.

Am wisse Sunndàà: Kommünion

D'Glocke lite, 's Dorf im Stààt
geht in d'Kirich, süecht dort Licht,
Hoffnung, Glauwe, Lieb un Kràft...
Maidle fromm, wiss àngedon,
Büewe mit-'me Schlupf àm Arm,
kneje vorne wie verklärt...
's Evàngelium, d'Preddi au
lüt verkinde 's heilig Wort
vun de Dauf, vum Sàkràment,
wo uns Chrischte ufnemmt froh
in de g'schlosse Kreis um 's Kriz...
Kerze brenne, 's Gleckel schellt:
Mea culpa!... Corpus dei...
D'Maidle, d'Büewe mit Oblàt
miislich still im Himmel sinn...
D'Origel setzt in un brummt,
Alles singt üs Andàcht mit:
„Grosser Gott, wir loben dich!"

I-'me Kindeskind uf d'Kommünion

Stolz bin ich uf dich hit, Büe,
Lüej dich àn un lüej dir züe,
Denn dü fiirsch e grosses Fescht...
Hebb dich àn dim Glauwe fescht!
'S isch e güeti, treji Stitz
Wie-n-e Seil, e Stàng, e Sitz,
Noch viel wichtiger às Geld,
fiehrt dich durich 's Läwe, d'Welt!

Verliebt, verlobt

Miner Traum

Mir rutscht, wenn ich 's bedenk, e Trän
Vor Freid vum Auw bis nàb àn 's Kinn:
Ich hàb dich, Liebs, nur einmol g'sähn
Un diss isch reiner Züfàll g'sinn;
Doch het in d'sellem Auwesblick
E-n-Engelstimm mir liisli g'sààt:
„Dir bringt diss Kind im Läwe Glick!
Heersch nitt, wie dàpfer 's Herzel schlààt?"
Un sither isch mir d'Lieb e Plöj,
Ich seh nur dich un 's zejt mich furt...
Ich stell m'r nur die einzig Fröj,
Ob üs mim Traum bàll Wohrheit wurd.

Numme noch dü!

Wenn ich denke, schàffe düe,
Isch 's numme noch fur dich!

Wenn ich traime, redde düe,
Isch 's numme noch vun dir!

Wenn ich glauwe, bätte düe,
Isch 's numme noch fur dich!

Ich seh dich iwweràl!

Ellein sinn isch e Quàl!...
Ich seh dich iwweràl:
Im dunkle Màttegrien
Wo Luscht düet uferstehn,
Im sàtte Ährégäl
Wo dànzt àls wie uf Bäl,
Im helle Himmelblöü
Wo Fridde schenkt un Rüej,
Im stille Owerot
Wo hilft àls üs d'r Not.
Ich seh dich iwweràl...
Ellein sinn isch e Quàl!

Bàll druck ich dich, dü mich!

Wit furt bisch dü vun mir:
Ich fiehl mich wie verlonn...
Ich traim nur noch vun dir,
Mir fählt din Lächle, d'Sunn.

's geht àwwer àlles rum...
Mir lonn uns nitt im Stich,
Denn trej sinn mir un frumm...
Bàll druck ich dich, dü mich.

Zwei Herzer klopfe noh
Vor lüter Luscht un Freid,
Vor Glick sinn mir noh froh...
Wie g'schwind vergesst m'r 's Leid!

O wärtsch dü nur bi mir!

D'Nàdür isch grien,
d'r Himmel blöü...
O wärtsch dü nur bi mir!
Wenn d'Sunn wurd rot
un gäl d'r Mond,
dät gern ich schmüse dir!

Noch sinn hàlt mir
Wit vun enànd',
Noch bàmbelt d'Lieb am Strick,
doch bàll sinn mir
gànz noht bi'nànd'
noh stràhle mir vor Glick!

Mir sinn nimm' làng getrennt!

Wie gern wott ich, min Liebs,
bi dir jetz sinn!
O kenntsch dü nur, min Liebs,
bi mir jetz sinn!

Im Schlof erschinsch dü mir
un strichelsch mich...
Ich fliej' im Traum züe dir
un dätschel dich...

Mir sinn nimm' làng getrennt:
Bàll schmüs ich dir;
Min Herz üs Lieb schun brennt...
Bàll g'heersch dü mir!

Schätzel, d'Zit isch do!

Wie schmüst d'àlt Sunn eim widder!
Sie stràhlt jetz... D'Zit isch do!
Mir zuckt's in àlle Glidder,
Verliebt bin ich un froh.

Ich b'làng uf dich, ich zitter,
Riss d'Fenschter uf un d'Deer,
Hüps iwwer Müür un Gitter,
Will, Schätzel, stràcks züe dir!

Schätzel!...
Kätzel!...

Ich huck mich,
Schätzel,
näwe dich
un druck dich,
Kätzel,
fescht àn mich!

Fur d'Verlowung

D'r Oschterdàà isch nimmeh wit,
Min Liebs, wenn 's iwweràl noh lit',
Jeds Krepfel lüt sin Liedel singt
Vor Freid fàscht jedi Bruscht verspringt,
Noh schenk ich dir, wàs dü dir winsch,
Wàs b'sondersch nett un pàssend findsch:
Ebbs Runds üs Gold mit Funkelstein...
Dü hesch 's verdient: din Herz isch rein,
Din Herz isch lieb, din Herz isch trej...
Ich weiss jetz, dàss ich nix berej!

D'r hirotsluschtig Jungg'sell

Ich bin àls Jungg'sell làng genüe
Ellein erumgezottelt,
Au mini letschte Büeweschüeh
Sinn jetz vollds üsgelottelt...
Bàll wurd e eij'nes Heim gegrindt,
Noh will ich Rüej mir ginne
Un siesses Glick mit Frau un Kind
Im Läwe àbgewinne.

Hochzit

Endlich doch!
(I-'me ewige Hochzitspärel)

Ihr sinn e-n-ewigs Hochzitspärel!...
Vor Johre schunn - wie i-'me Märel -
Hàn ihr im Mai im Wàld ejch g'funde:
D'r Owestern het hell gezunde.
Verliebt sinn ihr spàziere g'gànge...
Wie g'schwind wurd àls e Sind begànge,
Wenn d'Nàchtigàlle iwwerm Singe
Im Herz e Stick vum Himmel bringe!...
Jetz endlich welle-n-ihr 's doch wöje:
Ihr hàn gràd uf-'me Stempelböje
Üs Trej fur 's Läwe unterschriwwe...
Es isch hàlt doch nitt üsgebliwwe!

Wenn mir àls Hochzitspààr...

Min Liebs, ich frei mich kindisch uf
Die Stund, wo mir zwei d'Stàffle nuf
Am Arm g'fiehrt werre züem Altàr
Enànder nooch àls Hochzitspààr:
Dü links im wisse Siderock
Mit-'m Krenel uf d'r mittelscht Lock,
Ich rechts im neje schwàrze Kleid
Mit-'m Strissel in d'r Knopflochscheid.

Wenn um e „Ja" d'r Pfàrrer bitt'
Un ernscht vor Gott uns d'Ringle gitt,
Wenn 's drüsse boltert, knellt un kràcht
Un fàrwig d'Sunn in 's Chor nin làcht,
Wenn d'Vätter uns de Säje genn
Un d'Mietre nàssi Auwe hän,
Noh schwere mir uns uf de Knej
Üs Lieb fur 's Läwe echti Trej.

's Hirote

Zeerscht wàlzt m'r stolz in Siid un Sàmt
Fur d'Unterschrift uf 's Stàndesàmt:
E „Ja" wurd g'stàckselt vor-'em „Maire",
Ob 's licht erüs kommt odder schwär. -
Druf geht 's àn de Altàr mitnànd':
M'r streckt fur d'goldne Ringle d'Hànd
Im Pfàrrer ànne,... un de Eid
Verschlucke d'Lippe g'schwind vor Freid.
Im frohe G'sicht verfärbt sich d'Hüt,
Un 's Herz klopft noch emol so lüt.
Wenn d'Sunn lieb winkt, wenn d'Glock fromm singt
Un noch e Kàtzekopf verspringt,
Denkt keins àn 's dunkle Menscheg'schick,
Jeds traimt nur vu-'me helle Glick.

Nooch-'em „Ja!“
Ihr sinn jetz eins, Ihr zwei!

Ihr sinn jetz eins, Ihr zwei:
Diss isch nitt einerlei,
‘s pàssiert àls àllerhànd!
Drum gehn trej mitenànd’
Im selwe Schritt un Tritt!
Bàll werre Ihr ze dritt
Gàr sinn un au ze viert,
Wenn d’Lieb Ejch still verfiehrt...
E Dauf isch hàlt e Fescht!
So fillt ‘s Fàmillienescht
Mit Läwe sich, mit Glick...
Drum pàcke e pààr Schlick!
Vergesse nitt, dàss Win
Eim Kràft schenkt, Sunneschin,
Un dàss d’r Herrgott schitzt,
Wer glaubt un ringt un schwitzt!

Uf d'Hochzit

Züem Hochzitsfescht
Nur 's Allerbescht:
In 's Gläsel Win
Viel Sunneschin!
Viel Glick, viel Freid,
Bim Gàng sàlbzweit!

I-'me Hochziter

Wàs soll e Mànn
Im Läwe hàn?...
E liewi Frau,
Viel Kinder au
Un 's netig Geld!...
Noh isch die Welt
Trotz Schweiss un Blüet,
Trotz Weh un Wüet,
Trotz Liis un Miis
E Bàràdies.

Fur e Hochzitspärel

Gehn Hànd in Hànd
Üs Lieb mitnànd'
Ins Märellànd!...
M'r nemmt e Rànt,
Stosst uf e Wànd,
Rennt àn e Kànt,
Böüt àls uf Sànd,
Hàlt àwwer Stànd
Bi Sturm un Brànd...
Het 's Glick àls Pfànd.

Achtung, jungs Pärel!

Nix iwwertriiwe,
Nitt d'Herzer spàlte,
Sich still àls ducke,
Viel nunterschlucke,
Trej z'sàmmehàlte,
Scheen einig bliiwe!

Wurr glicklich, Büe!
(Im Sohn uf d'Hochzit)

Gànz nowel komme hit
Vun noht un au vun wit
Verwandti un viel Lit,
Wil 's froh im Städtel lit'.

Ihr genn vor Freid enànd'
Zwei Ringle trej àls Pfànd
Un gehn noh Hànd in Hànd
Verliebt ins Märellànd.

Ich winsch ejch Sunneschin
Un 's däjlich Brot mit Win;
Vum Herrgott Säje drin,
Viel Glick im Lànd àm Rhin.

Wurr glicklich, Maidel!
(In de Doochter uf d'Hochzit)

Schun làng isch 's her!
E Maidel het
im Hochzitsrock
fur 's Läwe Trej
mir g'schwore au:
's isch d'Màmme jetz!

Schun làng isch 's her,
dàss mir zwei dich
mit Pfetter stolz
un Gettel fromm
im liewe Gott
hàn ànvertröüt.

Schun làng isch 's her,
dàss g'hofft mir hàn,
oft still gewàcht,
gebätt un g'schàfft,
dàss g'sund dü bliisch
un glicklich wursch.

Schun làng isch 's her...
D'r Herrgott het
dich mittlerwil
güet g'fiehrt un g'schitzt:
bisch gross un g'sund,
au glicklich hit.

Schun làng isch 's her...
Im Hochzitsrock versprechsch jetz dü
fur 's Läwe d'Trej
in dem, wo dir
lieb d'Hànd hit gibt.

Wie d'Zit vergeht!...
Mol sawe ihr
„Schun làng isch 's her!"
un winsche im
e Pärel Glick
wie mir ejch hit.

E Frau…

Wie scheen, wie lieb isch doch e Frau!
Wie bràv, wie trej isch sie àls au!...
Un wàs sie àlles kànn!...
Drum brücht au jeder Mànn,
Vor àllem d'Bengel,
E so-n-e Engel!

Zwei Fraue!…

Es sott e Mànn
zwei Fraue hàn,
dàss eini schmutzt,
wenn d'ànder trutzt!...

Müeterdàà

EHC

's Wertel „Màmme“

Bitschle, wawle, dätschle,
Hurzle un verhätschle,
Stràhle, singe, làche,
Hoffe, treeschte, wàche,
Nett verzähle, spiele,
Sich verzirne, briele,
Strofe un verzeje,
Noochgenn un bereje,
Hile, bätte, liide
Un ken G'sichter schniide,
Stolz im Deifel trutze...
Spàre, koche, butze,
Wäsche, biejle, flicke,
Stopfe, stricke, sticke,
Alsfurt schàffe, schwitze,
Renne, wenni sitze
Un sich Sorje màche
Wäje döüsig Sàche...
Ja, diss àlles z'sàmme
Stäckt im Wertel „Màmme“.

Uf de Müeterdàà: D'lieb àlt Màmme

Viel g'schàfft het sie un g'spàrt
ihr Läwe làng,
d'lieb Màmme,
isch àlt jetz:
schàffe, spàre düet sie àls noch...

Jeds Bett het sie gemàcht,
het au gekocht, gebutzt
ihr Läwe làng,
d'lieb Màmme,
isch àlt jetz:
Better màche,
koche, butze düet sie àls noch...

Gewäsche het sie, g'flickt,
het au genäjt un g'strickt
ihr Läwe làng,
d'lieb Màmme,
isch àlt jetz:
wäsche, flicke,
näje, stricke, düet sie àls noch...

Gebätt het sie un g'sorigt
ihr Läwe làng,
d'lieb Màmme,
isch àlt jetz:
bätte, sorje düet sie àls noch...

Liewi Màmme!

Ich hàb uf derre Welt
Ebbs àrig Liebs un Trejs,
Un diss bisch, Màmme, dü!
Ich hänk àls meh àn dir:
Dü hesch m'r 's Läwe genn,
Din Blüet un dini Lieb,
Un mit de Bruscht au d'Kràft...
Ich bin e Stick vun dir.
Hesch däjlàng, johrelàng
Nur g'schàfft un g'spàrt fur mich,
Un nächtlàng àls gewàcht,
Dich g'ferricht un gebätt,
Gelitte, g'hilt un g'hofft;

Hesch üs dim scheene G'sicht
Oft Träne, Schweiss un Schlof
Nur wäje mir gewischt.
Geblüete het din Herz
Un doch geboppelt àls
Vor lüter Freid un Glick:
Wie oft hesch dü fur mich
Gelächelt un gelàcht,
Au g'spielt, verzählt, getraimt,
Hesch Trooscht mir g'schenkt un Müet,
Vertröie un Küràäsch;
Un wàs ich kànn un weiss,
Hàw ich vun dir gelehrt...
Mit viel Geduld un Miej
Hesch nooch-und-nooch üs mir
E g'sunder, frejer Mensch
Fur d'Welt un Gott gemàcht.

Züem Müeterfescht
Wenn d'Glocke vun mim Derfel lite

Wenn d'Glocke vun mim Derfel lite
Un d'Origel verwàcht, lüt blost,
Noh traim ich vun verbliejte Zite
Un spier wie 's trüürig Herz àls stosst.

As Knirps schun bin ich mit de Màmme
Bim Glockerüef ins Amt stolziert;
Sie het mir d'wilde Händle z'sàmme
Gelajt un mich 's Gebätt gelehrt.

Hàb später i-'me rote Reckel
Am Stràng gezwowwelt, dàss-es lällt,
Hàb stumm gemunkt fur 's Opfersteckel,
Am Hochàltàr geliirt un g'schellt.

Bin au im blöie Feschtdààskleidel
Mit'm Schlupf àm Arm im Schiff geknejt,
Verklärt un rein wie 's brävschte Maidel:
D'Oblàt het g'stärikt un befrejt.

Hàb später uf de Vorbiehn g'sunge
Üs Luscht un Lieb züem fromme G'sàng,
Un d'Lunge sinn àls fàscht versprunge
Im Solo nooch-'em Glockeklàng.

Wàs isch im Chor uf einmol g'stànde?...
E Sàrig:... d'Màmme!... Trüür un Schmerz...
Diss hàw-ich noch nitt iwwerstànde!...
Drum brecht m'r 's Lite hit noch 's Herz.

Am Gràb vun de Màmme àm Müeterdàà

D'Kinder sawe hit
netti G'setzle her,
schenke scheeni Striss,
hänke sich üs Lieb
ihre Màmme g'schwind
dànkbàr àn de Hàls,
genn 're sàtti Schmitz,
spiere d'Müeterlieb,
wo sie fescht noch druckt,
heere 's treje Herz,
wo vor Freid lüt schlààt,
sähn wie stolz noch 's Glick
üs zwei Auwe stràhlt.

O wie gern wott ich
hit e Kind noch sinn
un noch d'Màmme hàn!
Uf ihr Gràb vor 's Kriz,
wo schun làng dort trüürt,
laj ich mine Strüss,

‘s Vàterunser isch
‘s „Merci!“, ‘s G’setzel mins,
un ich schick de Schmutz
in de Himmel nuf...
Un ich mein, ich heer,
Un ich mein, ich seh
d’Màmme, wo mich treescht.

Bi d'r Màmme uf-'em Gràb

Do lejsch dü, Màmme, gànz ellein
Im kàlte Bodde unterm Stein,
Im dunkle, fichte, enge Hüs:
Dü rüejsch dich jetz vum Läwe üs.
Ich komm àls d's-oweds gern doher
Un hil mich üs, denn 's Herz isch schwär.
Ich hol mir Trooscht bi dir un Rot:
Dü schlofsch jo numme, bisch nitt dot.
Ich föj dich viels, dü munksch mir àls,
Ich fàll im Traum dir um de Hàls;
Dü strichelsch mir mit-'m Owewind
Wie friejer d'Stirn un d'Hoor gelind
Un lehrsch mich widder 's Nàchtgebätt...
Wenn ich dich, Màmme, nur noch hätt!
Schunn glitzert uf d'r Trüürwiid Dau...
In mine Auwe glitzert 's au.

Vàtterdàà

Züem Vàtterdàà

Au dü geltsch ebbs bi mir:
Min Herz, es g'heert au dir.

'ś isch vun Nàdür üs so,
Dàss 's Kind mit Liib un Seel
An sinre Màmme hänkt,
Dü weisch 's jo, Bàbbe, gell!
Nitt heisse àwwer will 's,
Dàss dü viel wennjer geltsch:
E-n-àndri Lieb isch 's nur,
Diss spiersch dü un begrifsch 's...
Min Herz, es g'heert au dir.

Merci, liewer Bàbbe!

Min liewer Bàbbe, glaub's,
nitt numme d'Màmme, nein,
au dü geltsch àrig viel,
denn viels hàw-ich vun dir:
min Läwe, 's Finkel, 's erscht,
au d'Hef un 's Sàlz, 's Gewirz...
's Fàmillie-n-Album zeijt,
dàss ich vun dir àbstàmm
un dü in mir au läbsch:
bewist 's d'r Spiejel nitt?
Un heiss ich nitt wie dü?
Mit 'm Nàmme hesch mir genn
de Stolz, de Wille, d'Kràft,
d'Gebrich un d'Tràdition
vum àlte stràmme G'schlecht:
Ich bin wie dü e Gleich
vun derre lànge Kett...
Dü hesch àls wäje mir
viel Sorje g'hett un Angst;
geràckert hesch un g'spàrt,
dàss meh wie dü ich wurr,
dàss ich 's mol besser hàb
un lichter au wie dü...
Drum saw-ich, Bàbbe, hit
Vun Herze „Merci!" dir.

Liewer Bàbbe

Verdànk ich dir nitt viels,
Vor àllem 's Läwe mins?
Üs Lieb, mit Freid un Stolz,
Hesch dü de Storich b'stellt.
Vun àllem wàs ich bin,
Vun àllem wàs ich hàb,
Kommt 's Hàlb vun dir, ja meh,
M'r sieht 's schins, heert 's un spiert 's:
Vun dir hàw-ich d'Stàtür,
Au 's G'sicht, de Schnitt, de Blick;
In mir wàllt àls din Blüet
Un hàbt àls diner Geischt.
Fur mich hesch dü gedenkt
Un g'hofft, au g'schàfft un g'schwitzt,
Dir viels àm Mül àbg'spàrt;
Dü hesch mich viels gelehrt
Un güet gezöje, streng;
Dü hesch mich hàrt gemàcht,
Hesch lüt gepreddigt àls,
Dàss läwe ringe heisst...

Ich glaub ‘s jetz, seh ‘s àn dir:
Hesch Schwiele àn de Händ
Un Rumpfle uf d’r Stirn,
D’r Kopf wurd gröü un blutt,
Un stif un bucklig ‘s Kriz...
Dü hesch de Himmel schun
Uf derre Welt verdient...

Unser G'schlecht: „Als witerschböie heisst 's, àls heecher, heecher nuf!"

Wie oft hesch, Bàbbe, dü
mir 's g'sààt, bewisse au:
„Als witerschböie heisst 's,
Als heecher, heecher nuf!"

Hesch 's ingetrààchtert mir:
Wie d'Ürgrossvätter schun
fur d'Ehr vum àlte G'schlecht
àls witersch, heecher nuf!

Im Stàmmbaum hàbt 's un schàfft 's,
Er wàchst un triibt un bliejt:
D'r Sàft schiesst owwe nüs,
àls heecher, heecher nuf...

Din Gebott, o Bàbbe, witersch ich verkind!

„Ja, 's Läwe isch e Kàmpf!"
hesch dü mol, Bàbbe, g'sààt:
hesch ufrecht, stolz un zäh
din Läwe làng gekämpft...
Jetz wo dü älter wursch,
zählsch immer meh uf mich:
Ich weiss, es geht um d'Ehr
vum àlte, hàrte G'schlecht...
Verspreche kànn ich dir,
dàss ich so witerschmàch
wie dü 's vun mir erwàrtsch,
un dàss ich din Gebott
au witersch mol verkind.

Hit sawe d'Kinder „Merci, Bàbbe!"

Mit Recht düet sich d'r Vàtter b'schwäre,
Dàss 's Kind meh àn de Màmme hänkt:
Wo kommt denn 's diire Läwe häre,
Diss wo sie froh un stolz àls schenkt?
's gäbt ohne Bàbbe b'stimmt ken Màmme,
Diss wisse d'freche Wibslit aa;
Drum fiire d'Vätter àlli z'sàmme
Jeds Johr wie d'Mietre „ihre Daa".

Au sie verdiene g'ehrt ze werre,
Sie plöje sich johrüs, johrin
Düen àlle Monet 's Portföi lääre,
Müen bättle fur e Schoppe Win,
Düen ihri Kleider vollds üstrawe
Un laufe d'àlte-n-Absätz krumm...
M'r heert sie wenni driwwer klawe:
Sie màche 's, ihri Pflicht isch fromm.

Sie schinde sich, dàss ihri Junge
Am Disch genüej ze esse hàn
Un jeds vun ine ungezwunge
Ebbs lehre un stüdiere kànn.
Wie viel düen au e Hiisel böie!
Isch e Fàmilliedàch nitt ‘s Bescht?...
Sinn d’Kinder mol in d’Welt üsg’flöje,
Se hàn sie noch e Heimetnescht.

E Bàbbe het au sini Sorje,
Es fàllt-em schwär vergniejt ze sinn,
Wenn uf-’em Wäj schun friej àm Morje
E schwàrzi Kàtz er sieht, e Spinn...
Es heisst hit trej àn d’Vätter denke,
E màncher isch schun màtt un stif...
Drum sawe „Merci!“, Kinder, schenke
E Schmutz, e Fläschel un e Pfif.

Hochzitsdäj

Fur de Silwerhochzitsdàà

Ejch liewe Frind,
die Versle g'schwind!

Wàs fiire hit Ihr zwei
Verliebt noch wie im Mai
Do im Famillienescht?...
's scheen Silwerhochzitsfescht!
Jeds Pärel diss nitt pàckt,
Wil 's vorher z'sàmmesàckt!

Ihr gehn vergnejt un klor
Schun finfezwànzig Johr
Deselwe Wäj mit'nànd'
Als witersch Hànd in Hànd:
Ihr sinn noch g'sund un stràmm,
D'r Stolz vum gànze Stàmm.

M'r sott, wenn ich 's bedenk,
Offriere Ejch e G'schenk!...
E Nodel fur d'Kràwàtt?...
E Brosch, ebbs Diirs, wo bàtt?...
Mir genn, im Schmuck züem Trutz,
Vun Herze Ejch e Schmutz!

Uf d'golde Hochzit

Fufzig Johr mitnànd'
Als furt Hànd in Hànd
Durich 's Läwe gehn,
Diss isch wajer scheen...
Màche witersch so,
Bliiwe g'sund un froh!

Fur d'golde Hochzit

Isch nitt wunderbàr
d'r hitig Dàà, liebs Pààr?

Schun fufzig Johr làng gehn
Ihr näwenànder her
un hàlte trej noch Schritt
mit Sunn un Mond un Ühr.
Wàs hàn Ihr mitenànd'
nitt àlles schun erläbt!
Getraimt hàn Ihr un g'schàfft,
geböje fescht e Nescht,
noh Jungi ningelajt,
güet g'fietert, àngelehrt
un uf sie ufgepàsst...
Es het Ejch Kriz gemàcht,
wenn 's nitt so gànge isch,
wie Ihr Ejch 's vorg'stellt hàn;
's het Schwiele, Bile genn,
au Rumpfle, gröüi Hoor,
im Stille Träne àls...

D'Bilànz isch àwwer meh
'as numme positiv:
Nitt àlli hàn wie Ihr
e so-n-e scheeni Ern
in 's Truckete gebroocht,
Ihr kenne stolz druf sinn!
Drum rüeje Ejch jetz üs
un freie Ejch àn dem,
wàs Ihr errunge hàn!
Vellicht gelingt 's Ejch zwei
au 's Ise nooch-em Gold
ze fiire mitenànd'.
Verttröje fescht uf Gott,
wo bràvi Lit wie Ihr
in Schutz nemmt, nitt verlosst!

Fur d'diàmàntene Hochzit

Ejch zwei Litle
die pààr G'setzle!

Wie selte isch doch so-n-e Fescht!
Ihr sitze hit genau wie gescht
Scheen näwenànder, lieb un trej,
Sinn g'sund un munter, froh und frej.
Ihr sinn in unserm Heimetlànd
Màschiert durich 's Läwe Hànd in Hànd,
Ihr hàn àls tàpfer ejch gewehrt,
Gebätt, gelitte, viel gelehrt.
Ihr hàn au g'sunge un gelàcht,
Als luschti Plän un G'spàss gemàcht.
Ob Sunneschin, ob Blitz, ob Sturm,
D'r Herrgott het ejch in sim Schurm...
Drum lipfe 's Gläsel mir jetz g'schwind
Uf ejer Wohl, ihr liewi Frind!

Diàmànte blitze…

Diàmànte blitze...
Bliiwe binànd' sitze,
Düen noch d'Ohre spitze
Un enànder b'schitze,
Hewwe, wàs ihr b'sitze!...
Nur nimm' àrig schwitze,
Numme Bliemle spritze!...
D'Sunn soll d'Nàcht ufschlitze,
Làng noch fur ejch hitze,
Ejch e Engel schnitze!

Glossar

Wörterverzeichnis

(„Strossburjerditsch" – Hochdeutsch)

A

àls: *manchmal*
alsfurt: *immerfort*
à-'me: *„an eme", an einem*
ànne: *„anhin", hin*
àrig: *arg, sehr*
au: *auch*
Auw(e): *Auge(n)*
Auwesblick: *Augenblick*
àwwer: *aber*

B

Bàbbe: *Papa, Vater*
bàche: *backen*
bàll: *bald*
bätte: *beten*
bàtte: *nützen, wirken, anschlagen*
bättle: *betteln*
bereje: *bereuen*
biejle: *bügeln*
Biewel: *Büblein*
Birzel: *Bürzel, Scheitel*
bisch: *(du) bist*
bissel: *bißchen, wenig*
bitschle: *in Windeln wickeln*
b'lànge: *„belangen", sehnsüchtig harren, ungeduldig erwarten*
blieje: *blühen*
bliiwe: *bleiben*
blutt: *bloß, kahl*
böie: *bauen*
Böje: *Bogen*
Bott: *Bote*
briele: *brüllen*
Bubbel: *Baby, Säugling*
Büewe: *Buben*
Buckel: *Rücken; Hügel*

D

Dàà: *Tag*
daife: *taufen*
Däj: *Tage*
dàss: *daß, damit*
denne: *diesen*
der: *dieser, derjenige*
Derfel: *Dörflein*
derre (vun): *von dieser*
die: *diese, diejenige*
diir: *teuer*
diss: *dies(es)*
döüsig: *tausend*
dsell: *„dasselbe", jenes*
düen: *tun*

E

ebber: *jemand*
ebbs: *etwas*
eim: *einem*
ejch: *euch*
emol: *einmal*
erum: *(es ist) vorbei*

F

ferrichte: *fürchten*
ficht: *feucht*
fiire: *feiern; feuern*
Fiir: *Feier; Feuer*
Finkel: *Fünkchen*
Flejel: *Flügel*
Freid: *Freude*

friejer: *früher*
fröje: *fragen*
fur: *für*
fur ze: *um zu*

G
gàkse: *gackern*
Gebätt: *Gebet*
gebliwwe: *geblieben*
Gehre: *Schoß*
genn: *geben/gegeben*
gescht: *gestern*
Gettel: *„Göttel", Patin*
gezöje: *gezogen*
g'flöje: *geflogen*
g'heere: *gehören*
g'heje: *fallen*
g'hett: *gehabt*
Grossätt: *Großvater*
g'sààt: *gesagt*
G'setzel: *Vers, Strophe*
g'sinn: *gewesen*

H
hàlt: *eben, nun einmal*
han, hän: *haben*
hänke: *hängen*
häre: *her*
hàwe: *in die Höhe gehn (Teig)*
hebbt: *(es) hält, ist fest*
heecher: *höher*
hesch: *(du) hast*
hewwe: *„heben", halten*
Hiisel: *Häuslein*
hile: *„heulen", weinen*
hit: *heute*
Hochziter: *„Hochzeiter", Bräutigam*
hurzle: *auf dem Rücken umhertragen (Kind)*

I
i-'me: *„in eme", (in) einem*
isch: *(er, sie, es) ist*
Ise: *Eisen*
iwwer: *über*
iwweràl: *überall*

J
jäschte: *hasten, sich überstürzen*
jüüchse: *jauchzen*

K
Katzekopf: *Knallbüchse, Böller*
Kitschel: *Kinderwagen*
klawe: *klagen*
kläwe: *kleben*
kneje: *knien*
Krenel: *Krönlein*
Krepfel: *Kröpflein, Kehle*
kroble: *kriechen*
kupliere: *„kopulieren", trauen, Ehe einsegnen*

L
läär: *leer*
laje: *legen*
lätz: *falsch*
Läwe: *Leben*
leje: *liegen*
letscht: *letzte*
Liebs: *Liebchen, Liebste*
liire: *leiern*
Liis: *Läuse*
liisli: *leise*
lipfe: *heben*
lite: *läuten*
Litle: *Leutchen, ältere Leute*
lonn: *lassen*
lüeje: *lugen*

M
Maidel: *Mädchen*
„Maire“ (fr.): *Bürgermeister*
Màmme: *Mama, Mutti*
mämmle: *behaglich, in kleinen Zügen trinken*
Märel: *Märchen*
'me: *einem*
„Merci!“ (fr.): *Danke!*
Mewel: *Möbel*
Miej: *Mühe*
Mietre: *Mütter*
Miis: *Mäuse*
mim: *meinem*
morjes (d's-): *des Morgens*
m'r: *man*
müen: *müssen*
müesch: *(du) mußt*
Mül: *Maul, Mund*

N
mäje: *mähen*
näwe: *neben*
'ne: *ihn*
niemes: *niemand*
nimmi: *nicht mehr*
nin: *hinein*
nitt: *nicht*
nix: *nichts*
noh: *danach, dann*
nooch: *nach*
nuf: *hinauf*
numme: *nur*
nüs: *hinaus*

O
Oschtere: *Ostern*
Owe: *Abend*
oweds (d's-): *des Abends*

P
Pfetter: *Pate*
Plöj: *Plage*
plöje: *plagen*
Portföi: (fr.) *„porte-feuille“, Brieftasche*
Poschtür: *fr. „posture“, Statur, stattliche Gestalt*
Preddi: *Predigt*
preddje: *predigen*

R
ràckere: *schwer arbeiten*
räje: *regnen*
Räjeböje: *Regenbogen*
Räwe: *Reben*
Reckel: *Röcklein*
Rüej: *Ruhe*
rüeje: *ruhen*
Rumpfel: *Runzel*

S
's: *das; es*
sähn: *sehen*
Säje: *Segen*
salbzweit: *zu zweien*
sàlwe: *salben*
sawe: *sagen*
schins(wis): *scheinbar*
schlawe: *schlagen*
Schlupf: *Schlaufe*
schmüse: *schmeicheln, liebkosen*
Schmutz: *Kuß*
schmutze: *küssen*
schneje: *schneien*
schnitze: *aufschneiden, prahlen*
schriiwe: *schreiben*
Schurm: *Obdach, Schutz*

schwàsiere: *fr. „choisir", aussuchen, auswählen*
se: *sie; so*
selwer: *selbst*
sin: *sein (Pron.)*
sinn: *sein (Vb.), sind*
sott: *(ich, er) sollte*
spärle: *unter Entbehrungen sparen, knauselig einteilen*
stàckse: *stottern*
Stàffel: *Stufe*
Steess: *Stöße*
Sterich: *Störche*
stippere: *stützen*
Strissel: *Sträußlein*
Sunndàà: *Sonntag*
sunscht: *sonst*

T

tràät: *(er) trägt*
trawe: *tragen*
treeschte: *trösten*
triiwe: *treiben*
trucket: *trocken*
Trüürwiid: *Trauerweide*

U

uf: *auf*
un: *und*
üs: *aus*

V

Vejel: *Vögel*
ver-: *er-, ver-, zer-*
verschmutze: *mit Küssen bedecken*
verzeje: *verzeihen*
„Vive!" (fr.): *vivat, es lebe!*
vollds: *vollends, ganz*
Vorbiehn: *„Vorbühne", Empore*
vu-'me: *von einem*

W

Wäj: *Weg(-e)*
waje: *wegen*
wajer: *wahrlich*
Wawe: *Wagen*
Wawel: *Wiege*
wawle: *(ein)wiegen*
welle: *wollen*
wenni: *wenig*
werre: *werden*
wiescht: *„wüst", unschön, häßlich, garstig*
wewwe: *weben*
Winle: *„Weinlein", feine Weine*
wiss: *weiß*
Wiwel(e): *„Weiblein", Frauchen*
witersch: *weiter*
wöje: *wagen*
worre: *(ge)worden*
wott: *(ich) wollte, möchte*
Wuch: *Woche*
wurr: *(ich) werde*
wursch: *(du) wirst*
wuss(e)lig: *lebhaft, rührig, zappelig*

Z

zàwwle: *zappeln*
zeerscht: *zuerst*
Zeije: *zeigen*
zowwle: *reißend ziehen, zupfen, zerren*
z'sàmme: *zusammen*

Weitere Werke von Raymond Matzen

Hebb din Ländel fescht am Bändel! Elsaßland: Alemannekant, Europastrand!

100 Gedichtle uf Elsässerditsch
176 Seiten, 12 x 19 cm

Goethe, Friederike und Salome – „Olivie"

Bilder und Klänge aus Sesenheim und Meißenheim

– Gedichte –
144 Seiten, 12 x 17 cm

Storchenromantik im Elsaß – einst und jetzt

Heitere Verse zu originellen Aquarellen des Straßburger Kunstmalers Theodor Haas (1861–1933)
Storch und Storchenwelt in der Spruchdichtung
92 Seiten, 15 x 15 cm

Mondträume... Mondschäume...

Tausend heitere und ernste Verse über den alten Erdtrabenten

Bildband Strasbourg

Ca. 100 Seiten, vierfarbig
in 3 Sprachen: Französisch, Deutsch und Englisch
24 x 30 cm

O scheeni Wihnàchtszit! Advent bis Silveschter

Neue Gedichte in Elsässer Mundart
70 Seiten, 12 x 17 cm